LOCUS

LOCUS

LOCUS

LOCUS

from

vision

from 74

黑天鵝語錄　全新擴充版

隨機世界的生存指南，未知事物的應對之道

The Bed of Procrustes

Philosophical and Practical Aphorisms

作者：Nassim Nicholas Taleb

納西姆．尼可拉斯．塔雷伯

譯者：席玉蘋、趙盛慈

責任編輯：鄭凱達（初版）、吳瑞淑（二版）

封面設計：林育鋒

校對：呂佳真

排版：林婕瀅

出版者：大塊文化出版股份有限公司

台北市105022南京東路四段25號11樓

www.locuspublishing.com

電子信箱：locus@locuspublishing.com

讀者服務專線：0800-006689

TEL：(02) 87123898　FAX：(02) 87123897

郵撥帳號：18955675　戶名：大塊文化出版股份有限公司

法律顧問：董安丹律師、顧慕堯律師

總經銷：大和書報圖書股份有限公司

地址：新北市新莊區五工五路2號

TEL：(02) 89902588（代表號）　FAX：(02) 22901658

初版一刷：2011年7月

二版五刷：2023年1月

定價：新台幣320元

Printed in Taiwan

納西姆・尼可拉斯・塔雷伯作品

不確定（INCERTO）系列

探討不透明、運氣、不確定性、機率、人為錯誤、風險，以及在我們不了解這個世界時如何做決定。以個人隨筆的形式表現，內容不相互重疊的部冊，採自傳式章節、故事、寓言，加上哲學、歷史與科學方面的討論，能以任何順序閱讀。

《隨機騙局》（FOOLED BY RANDOMNESS，二〇〇一年、二〇〇四年）

談我們如何錯將運氣好當作自己能力強；隨機如何看起來不像隨機；當買賣如果比煎蛋容易，談績效就沒有意義；以及牙醫和投機客人不同。

《黑天鵝效應》（THE BLACK SWAN，二〇〇七年、二〇一〇年）

談衝擊力強大的罕見事件，如何主宰歷史；我們如何編造故事，當起事後諸葛，以為了解它們；它們如何不可能以科學方法去估計；這如何使得某些領域——但不是其他的領域——完全不可預測和不可預料；知識的確認方法如何行不通；以及無視於黑天鵝的「偽專家」，如何使我們建立的系統，傾向於在面對極端事件時愈來愈脆弱。

《黑天鵝語錄》（THE BED OF PROCRUSTES，二〇一〇年、二〇一六年），哲學警句。

《反脆弱》（ANTIFRAGILE，二〇一二年）

談有些事件如何喜歡失序（因此喜歡波動性、時間、混亂、變異性和壓力源），而其他事件卻不喜歡；我們可以如何根據脆弱－強固－反脆弱的程度，將事物分類；我們可以如何根據非線性反應，但不需要對程序的歷史了解太多，而找到（反）脆弱（這解決了大部分的黑天鵝問題），以及只有在你喜歡（若干）波動性的情況下才能存活。

《不對稱陷阱》（SKIN IN THE GAME，二〇一八年），談如何在不對稱風險中生存，對黑天鵝免疫。冒險承受切膚之痛，用白銀法則互利共贏。

「不確定系列」的技術附件

由學術論文、雜記、附註、（非常）技術性的評論與發展構成。

The Bed of Procrustes
黑天鵝語錄
全新擴充版

Nassim Nicholas Taleb 著
席玉蘋、趙盛慈 譯

獻給

亞歷山大・尼可拉斯・塔雷伯

（Alexander N. Taleb）

目次

普洛克拉斯提

普洛克拉斯提（Procrustes），是希臘神話中阿第卡克雷塔勒斯（Corydalus in Attica）地區一個小城邦的國主，天性殘忍。他的王國位於雅典和埃萊弗西斯（Eleusis）之間，神祕儀式即在此處上演。普洛克拉斯提的待客之道別具一格：他誘引旅者進門，饗以盛宴，挽留過夜，要他們睡在一張特別的床上。他希望這張床完全符合客人的身長，因此用利斧把太高的人雙腿截短，把太矮的人身體拉長（據說他的本名為達瑪斯忒斯〔Damastes〕，又名波利斐蒙

〔Polyphemon〕，普洛克拉斯提是他的別號，意思是「把人拉長的人」）。

作為詩歌最純粹的正義伸張，普洛克拉斯提最後死於自己的暴虐之下。他招待的一位過路客正是英勇無比的鐵修斯（Theseus），殺死牛頭人身怪物（Minotaur）即是這位雅典民族英雄日後的豐功偉業之一。照常晚宴之後，鐵修斯要普洛克拉斯提躺在他自己的床上，然後依照這位國王訂下的長短合適的規矩，把普洛克拉斯提的頭砍了下來。如此這般，鐵修斯以海克力斯（Hercules）[1]為師，以其人之道還治了其人之身。

這個故事還有更令人髮指的版本，例如偽阿波羅多洛斯（Pseudo-Apollodorus）[2]於《書庫》（*Bibliotheca*，編按：是研究古希臘神話的重要文獻）中所寫，普洛克拉斯提其實有一大一小兩張床，而他故意讓矮人睡大床，讓高個兒睡小床。

本書中的警句，指涉的即是各式各樣的「普洛克拉斯提之床」——身為知識有限的人類，我們在面對沒有觀察到、不可見也未可知的事物時，會把生活和世界硬生生擠進界定分明的商業化觀念、簡化的分類、特別打造的辭彙和經過包裝的敘事文章裡，藉以消除內心的緊張。這種種行徑，有時會造成爆炸性的後果，更有甚者，我們對這種削足適履的倒退行徑似乎渾然不覺，就彷彿裁縫師因為交出了完全合身的西裝而洋洋得意，殊不知自己是以手術改掉了顧客的手足長短。舉例來說，很少人意識到我們正在透過藥物改變學童的腦袋——我們要他們去順應學科制度，而不是為他們量身打造學科制度。

格言警句經過解釋就會失去魅力，因此我點到為止，暫且勾勒出本書的中心意旨就好——更多的討論留待後記繼續。這些警句都是獨立而精鍊的思維片段，環繞著我的中心思想而生：我們目前是如何應對未知的事物，但理論上又該如何應對它們才對。關於這些命題，我

1——譯註：希臘神話的大力士。

2——譯註：古希臘史家及學者，西元前一八〇年至一二〇年。

的著作《黑天鵝效應》和《隨機騙局》有更深入討論。[3]

3——我以「普洛克拉斯提之床」作為譬喻，不單是點出錯置的問題而已，重點更在於選錯了改變對象的倒行逆施——以此處為例，應該改變床去順應人而非改變人去順應床。值得注意的是，每一個我們所稱的「智慧」（以及與它如影隨形的技術專業）的失敗，都可以分解成一個「普洛克拉斯提之床」現象。

提醒

格言警句與一般文句不同，作者建議一次至多閱讀四句，最好是翻到哪讀到哪。

序幕

你最不敢挺身對抗的人是你自己。

如果你有個想法但不敢去想它的邏輯結論，這個想法才開始有了點意思。

人們比較不關心你要讓他們知道的事，他們在意的是你隱瞞了什麼。

比起發明藥物去追趕世間的疾病，藥廠配合已問世的藥物去發明疾病的本事還更高明。

苦行生活有多麼釋放身心，只要想想你若是失去一半的財富遠比失去所有財富痛苦得多，即能了然。

要讓一個傻瓜破產，給他資訊就能得逞。

學術界之於知識猶如賣淫之於愛情；表面上極其類似，但只要不是笨蛋，就知道兩者不完全是同一件事。[1]

科學天地裡，你需要了解這個世界；商業世界裡，你需要別人去誤解商業。

我認為，蘇格拉底之所以被處死，是因為過於清楚的思維太令人敬而遠之、太不足取，也太不像人了。

教育讓聰明人多長了點智慧，卻大大增加了蠢人的危險性。

要測試某個點子是否原創，不要看它是否前無古人，而是要看有多少點子曾經出現卻都望塵莫及。

現代世界對我們的雙重懲罰是：既讓我們未老先衰，又讓我們長命百歲。

1——我必須做個補充。這句話有其例外；娼妓愛上恩客的事情也是所在多有。

真正的飽學鴻儒，滿腹學問但甚少顯露；新聞記者或諮詢顧問則反是。

你不下指令要大腦做什麼的時候它反而最靈光——我們偶爾會在洗澡時發現這一點。

如果你的怒氣隨著時間減少，你是在行不公義；若是隨著時間增加，你是不公義的受害者。

不知道那些為了得到福報而倡議慷慨的人注意到箇中的矛盾沒有——他們所謂的慷慨或許只是一種誘人的投資策略。[2]

以為宗教就是「信仰」的人既不懂宗教，也不懂信仰。

工作會摧毀你的靈魂；即使不是正常從事工作的時間，它也會偷偷摸摸侵入你的大腦。請慎選職業。

以天性觀之，我們絕不會重複同樣的動作；以沉迷觀之（辦公室、健身房、通勤、運動），人生就只是重複不盡的壓力傷害。沒有隨機性可言。

把別人沒有常識拿來當藉口，本身就是沒有常識。

2——所謂慷慨正是不求回報之意，無論是金錢、社會地位或情感；它的出發點是道義論（無條件地克盡義務），不是功利主義（以謀求群體甚或個人的利益為目的）。希望藉由慷慨的行為得到「光環」或救贖並沒有什麼不對，但文字上不能和純粹出於責任意識的道義行為混為一談。

乖乖套上狹隘（亞里斯多德學派）邏輯的緊身衣和規避可能致命的矛盾，兩者並不是同一件事。

經濟學界就是吞嚥不下這個觀念：群體（集體）遠比個人更難預測。

且慢拿長壽、安全或舒適來為「進步」下定義——先比較關在動物園的動物和原野間的動物再說。

如果你在早上就能精準預知今天會發生什麼事，你就有點像死了一般——預知越精準死得越透。

水與冰之間沒有中間狀態，生與死之間倒有：受僱的狀態。

如果你懼怕的東西對你來說多半都帶有冒險意味，你的人生就太刻板了。

拖延，是你的靈魂不想被套牢所做的反抗。

沒有人願意百分之百被看透；對別人如此，對自己當然更是如此。

博學不胡言，善思不懦弱，勇敢不魯莽，懂數學而知變通，求學問而不掉書袋，聰明而不精明，有信仰但不偏狹，優雅而不軟弱，與人結交但不依賴，享受但不上癮；不要缺乏寬容的宗教，而最重要的一點是——不能沒有切膚之痛（skin in the game）[3]。

3——編按：即承擔風險，為決策付出代價。

對抗敘事

求助於人易使對方不悅，但你不找對方幫忙的時候，他又覺得被你冷落。

讓欺騙你的人相信你相信他的話，是最好的報復。

當我們想去做一件潛意識裡確定會失敗的事，我們會向外尋求建言，為的是失敗時有人可以怪罪。

法國對阿爾及利亞出兵，希望阿爾及利亞成為吃卡酥來砂鍋[1]的國家，結果反倒是法國成為了一個吃北非小米的國家。

當你真心想要拒絕，說「不」會比你並非真心想拒絕時更難。

如果你真想拒絕，絕對不要重複說兩個「不」字。

我們經常以聽者（用詞對象）的感受來判斷一個人是否無禮，卻不以說出口的話（字詞）來判定。

如果你說一些話來護衛你的名譽，對你的名譽反而傷害最深。

當你開始談老，你就變老了——這是變老唯一的客觀定義。

別人會因為你的成功、財富、聰明、相貌、地位嫉妒你——但很少人會因為你的智慧嫉妒你。

所謂的謙遜，泰半是掩飾得很成功的自大。

工作與休閒之間的主要區別，在於是否冠上品牌。

如果你想叫人讀某一本書，告訴他們這本書被高估了就好。

1——譯註：法國名菜。

跟人辯論，除非他們開始對你人身攻擊，否則你都不能算贏。

現代偽君子所謂的「尊重」只不過是畏懼強權。

沒有比「暫時性的」安排、赤字、休兵和感情更永久的事；也沒有比「永久性的」安排、赤字、休兵和感情更暫時的事。

先說出「但是」的人就吵輸了。

跟無趣的人相處並不是最痛苦的時刻；跟無趣卻極力想變得有趣的人相處才最痛苦。

恨是愛的電腦碼中一個誤打的字；你可以矯正它，可是要找到它難如登天。

我不知道如果痛恨我的敵人發現我恨的是別人，他會不會感到嫉妒。

到學校上學主要是在學習如何「不要」像教授那般思考。

輸家的特徵是為人類的缺陷、偏見、矛盾和不理性咳聲嘆氣，卻不懂得利用這些東西找樂子兼牟利。

要測試你是不是真喜歡一本書，就看你會不會重讀它（以及讀了幾遍）；要測試你是不是真喜歡某人的陪伴，就看你是不是樂意再三地與他見面——其他的不外乎是亂編理由，要不就是為了保全如今被稱為自尊的那種情感。

努力忽略你的人並未忽略你。

我們通常會問：「為什麼他很有錢（或很窮）？」不會問：「為什麼他不是更有錢（或更窮）？」我們會問：「這場危機為什麼這麼嚴重？」不會問：「這場危機為什麼沒有變得更嚴重？」

人生的陰險狡詐之處在於它讓某些人有錢卻不快樂，換言之，這批人既脆弱又無所盼望。

恨比愛更難偽裝；你聽說過虛情假愛，虛仇假恨則未之聞也。

有時人們向你提出問題，眼裡卻透露請不要說出真相的乞求。

男子氣概的對比不是怯懦；是科技。

一般來說，我們所謂「好的傾聽者」，其實是把自己的興趣缺缺巧妙掩蓋住的人。

不要祈禱「保護我們遠離邪惡」，要改說「保護我們遠離拿薪水求進步的人」。

有些人之所以迷人，是因為他們身上顯現出矛盾而非看不見矛盾。

發了電郵卻沒得到回音你會記得很牢；對於自己收到卻沒回覆的電郵記性就沒那麼好。

如果寫書評的人寫過你不會讀的書，那就千萬別讀這本書。

對於我們的自尊不構成威脅的人，我們會給予標準化的恭維；對於其他人，則稱讚他們「傲慢自大」。

讓電腦跟人一樣的美夢正在實現，代價是一整個世代的人都變成了電腦。

自老加圖（Cato the Elder）[2]以後，社會就出現了一種成熟態度：稱揚前一代「深具價值觀」而指責新一代「淺薄」。

幾乎所有犯了邏輯謬誤的人都會說自己在表示「異議」。

不拿如何運動、如何養生這類健康事務的建議去煩人家，就跟遵照計畫表運動一樣困難。

稱讚一個人毫無缺點，不啻是暗示他毫無優點。

2——譯註：古羅馬政治家及哲學家。

要是有權有勢的混蛋不覺得你傲慢自大，那你就是哪裡做錯了。

當一個女人對你大吼說你做的事不可原諒時，她已經開始原諒你了。

你要是動不動就感到無聊，缺乏想像力只是問題之一。

以為某個人很愚蠢，結果發現對方比自己聰明，會使人們感到焦慮。

我們把那些言行之間以為全世界繞著他們轉的人叫做自戀狂，卻把成雙成對做出同樣行為的人叫做情侶，甚或冠以更好的稱謂：「受愛神眷顧的人。」

會終結的友情從來就不是友情；其中至少有一方是上了當。

大部分的人會害怕生活中沒有視聽刺激，是因為他們在獨自思考或想像的時候，只會重複已有的東西。

有人寫下「我不喜歡你，但我同意你說的話」，在我看來就是「我不喜歡你，因為我同意你的話」。

得不到回應的恨遠比得不到回報的愛更貶損自尊——你無法以牙還牙回敬對方。

當政府表示「我們不會對（外國獨裁者某某某）的殘暴行徑坐視不理」，往往是某某某還有更多殘暴行徑，而政府要減輕對這些事袖手旁觀的罪惡感。

對於同情心豐富的人，用另一種悲傷取代悲傷要比用快樂取代悲傷更為容易。

年輕而有智慧，就跟年老而輕狂一樣不吸引人。

有些人只有在試著嚴肅的時候才好笑。

訊息本身彷彿也有生之慾望和繁衍的力量，所以要在對話中抑止想洩密的衝動是很難的。

讓別人在小事上取得勝利乃非常有效的操縱行為。

想讓陌生人幫你，要堆起笑臉，親近的人則對他落淚。

事物的本體論

人生不談目的，貴在行動。

假如你容易感到無聊，表示你能正常察覺他人的胡說八道；假如你會遺忘（某些）事物，表示你的心智懂得過濾資訊；假如你覺得悲傷，表示你是個人。

把沒看見的東西誤認為不存在，是新近才出現的疾病；不過有些人的病灶更深——他們誤以為沒看見的東西是不可能被看見的。

每天至少要有一次覺得自己有些迷失，物理或心靈上的都算。

自由莫過於不需要解釋做事的理由。

要求科學解釋生命為何物，猶如要求文法專家去講解詩。

美好人生（幸福人生）有如讀俄國小說：先用兩百頁的篇幅努力認識角色，方才讀出箇中興味。自此躁動不安才有了意義。

只是試一試不會有什麼樂趣。

唯有在沒有顯見目標、沒有理由，尤其重要的是，在不被別人的敘事論述牽著鼻子走的情況下隨心所欲地做事，你才算是真正的「存在」。

自動化使原本有趣的事變成「工作」。

認為凡人皆追求「自利」無異於假定隨機變數的共變異數都是零。

讓恐懼與慾望緊密交織，人生才會真正變得有趣。

神聖的與褻瀆的

你無法用特意為描述褻瀆而造出來的辭彙去表達神聖，但你可以用特意為描述神聖而造出來的辭彙去討論褻瀆。

無神論（唯物論）的意涵是：對待逝者猶如不曾出生者。我不會這樣做。只要你接受神聖的存在，你就可以重新創造宗教。

異端乃分權的神學。

如果你不能靠本能（且不靠分析）察覺神聖與褻瀆之間的差異，你永遠也不能領會宗教的意涵。你也永遠領會不到我們通常所稱的藝術是什麼。你永遠也不能理解任何事。

在過去，大家都是週間穿尋常的衣著，週末才盛裝；如今正好相反。

為了在神聖與褻瀆之間做區隔，我在跟專業顧問、經濟學者、哈佛商學院教授、新聞記者等從事類似墮落營生的人接觸或通信（甚至是只通電郵）後，會像舉行儀式一般洗個澡；然後我才會感覺遠離褻瀆且被洗滌乾淨，直到下一回合的交鋒。

宗教不是在告訴人們天上有一個神，而是在防範人們以為自己是神。

神的數量愈少，就愈多信條、愈不寬容。也就是n=0（「現代的」無神論），n=1（遜尼派純粹主義），n=1-2（基督一性論），n=3-12（希臘正教），n為不定數（古代地中海世界的異教）。

書是唯一尚未受到褻瀆腐化的媒體：其他在你眼皮底下的媒體，無一不是在拿廣告操縱你。[1]

你可以用真相取代謊言；但用敘事文章取代神話，只是讓神話流離失所而已。

1——此處加個附註。在對媒體敬而遠之頗長一段時間後，我慢慢憬悟到，世界上沒有一樣東西不是在千方百計（而且手法拙劣）地推銷東西給你。我只信任我的書房。為了炫耀、為了像孔雀開屏般炫示優越感而擁有實體書，是人性弱點的表現，這沒有什麼不對；讓人腐化的是書本以外的商業盤算。

神聖的精髓在於無條件；褻瀆的重點在於談條件。[2]

古代的地中海民族在成為一神論者前，會互相交換和交流宗教儀式，就像我們會吃不同民族的傳統食物。

把他人的無條件誤認為是談條件，或者正好相反，是歷史悲劇的起源。

無神論者只不過是現代版的基本教義派信徒——對宗教的認識都太過粗淺。

餐館以食物誘你進門然後賣酒給你；宗教以信仰引你入甕然後推銷教條給你（例如，不可欠債）。我們能夠理解上帝的觀念，但對於沒給解釋的教規、戒律禁忌和霸道專斷的教條，卻是百思不解。

絕對真理之一：禁食比節食容易。你不能因為只吃一小塊火腿，就說你是「稍微」符合猶太或伊斯蘭教的飲食戒律。

要完全根除讀報的痼疾，請花一年時間去讀上個星期的報紙。

2——舉例來說，很多據稱不可能被賄賂的人其實只是價碼太高。

機運、成功、快樂和斯多葛學派

你在童年將盡時所夢想的事到了中年終於成真，這是成功。其他的都是因為失控所致。

成功的反面不是失敗，是攀權附貴來自抬身價。

現代人必須了解，有錢跟變得有錢在數學、個人、社會地位和道德層面上，都不是同一回事。

與銀行戶頭裡的錢比你少的人來往，言談中必須表現出兩人財力相當的樣子，配合對方吃他習慣的餐廳，無論何時都不能拿出你在普羅旺斯度假的照片，不能顯露任何一點財力不對等的痕跡，此乃必然結果。

光是避免變成奴隸並不能讓你成為完全的自由人；你還必須避免變成別人的主人。[1]

財富給予貪婪者的懲罰是讓他們貧窮；給予極度貪婪者的懲罰是讓他們富有。

因為在金錢和社經地位方面自慚形穢或因失去錢財地位而自殺的人，要比因為診斷出惡疾而自殺的人來得多，由此可看出人們的好惡傾向。

商場競爭往往兩敗俱傷，而學術爭論裡沒有輸家。

想要從研究「天才」的做法和思考習慣來向他學習，有如從研究廚師的裝束來模仿燒菜。

「富有」不但無意義，也沒有強有力的絕對測量工具；不如用減法去測量「不富有」，亦即，在任何時間點你所擁有的和你冀望擁有的之間的差距。

要等一個人變得有錢了，你才能確定他是不是個混蛋。

1——這個論點不斷重複且推陳出新，歷史上出現過各種版本，最後一則有說服力的是出自蒙田（Michel de Montaigne，文藝復興時期法國作家）之口。

老年人在擁有年輕歲月所匱乏的東西時最美：穩重、知識、智慧、人情練達——以及很符合後英雄式風格的，不再躁怒。

我去參加一個快樂研討會；與會的研究學者看來都很不快樂。

在傻瓜看來是「浪費時間」的事，往往才是最值得投資的。

用回憶取代夢想是走下坡的開始，用其他回憶取代回憶是下坡的終點。

聽中年男子吹噓大學時代的事蹟，你就知道他究竟有多失敗。

你要避免的是：別人不喜歡你不是因為嫉妒你或羨慕你。

非百年以上的老書勿讀；非千年以上的水果勿吃；非四千年以上的飲料（除了酒和水）勿喝；但不要跟年過四十的平凡人說話。沒有英雄天分的人到了三十歲便已開始奄奄一息。

有些職業，從身在其中的人看來乏味得多。據說連海盜也這樣。

馬克思是個有遠見的人。他早就識破這個招數：讓奴隸相信自己是員工就容易擺布得多。

若家財萬貫與權力地位無涉，不知道還有沒有人想發大財。

在過去，天主教國家連續一夫一妻的現象[2]比現在要多，卻沒有離婚的必要——人的壽命很短，婚姻的壽命更短得多。

想知道未來十年你會不會比某人過得更好，算一下你的敵人有多少，再算算他的敵人，把除數平方。

要致富，最快速的方法是結交窮人；要變窮，最快速的方法是結交富人。

你會發現，大人物聚會裡最傑出的人往往是服務生。

等哪一天你可以一大段時間什麼也不做、什麼也不學、什麼也不長進而不感覺到任何愧疚，你這才進入了開化之境。

說「我很忙」的人，不是在昭告世人自己無能（或是無法掌控自己的生活），就是想打發你。

不論何事，想要成功都要撇除某些特質：一、成功的犯罪者不能有同情心；二、成功的銀行家不能對隱藏風險感到羞恥；三、成功的好學生不能有常識；四、成功的經濟學家不能很懂機率、風險、二階效應或任何事；五、成功的新聞記者不能去想某件事到了明年一月，還會不會有任何一丁點的重要性；六、但要當個成功的生活家，你不能做任何望向鏡子會令你渾身不對勁的事。

2——譯註：serial monogamy，一個人終其一生可以有數個配偶、但同一時間只能有一個配偶的制度。

羅馬及鄂圖曼帝國時代的奴隸和今天的員工有一點不同：奴隸不必討好他們的老闆。

擁有手機、筆電和其他現代必需品的快樂，發生在不見之後找回這些遺失物。把裝滿信用卡的錢包弄丟，你就很有可能過上美好的一天。

你推出門的錢比你收受的錢滋味更好，唯有這樣的時刻，你才是真正的富有。

不要與比你有錢太多的人往來，即便如此也要量力而為（上你付得起的館子，喝你付得起的紅酒，諸如此類）。

對大部分的人來說，成功是從憎厭者陣營轉移到被憎厭者陣營的有害過程。

姑且不談依賴的箝制，要知道你喜不喜歡現在的位置，就看你回來的時候是不是跟離開時一樣高興。

你可以從一個人在對話中提到「錢」的次數來判斷他覺得自己窮不窮。

愛情和快樂的不同，在於談愛的人往往陶醉在愛情裡，談快樂的人卻往往並不快樂。

現代性是：我們創造了青春卻沒創造出英雄氣概，創造出長壽卻沒有造就智慧，創造了生命卻不波瀾壯闊。

要知道一個人有多無趣，只要問他他覺得什麼人有趣就好。

對渴望他人矚目的人來說，網路是個不健康的所在。

不知道有沒有人算過：在派對上，一個事業小成的陌生人要花多久時間才能讓別人知道他上過哈佛。

我們常把注目焦點放在典範上，殊不知找個反典範——那些你長大後不想變成的人——效果更好。

老把道歉掛在嘴上是個好習慣，除非你真的做錯了事。

過於注重功效，是阻礙你過一種詩意、優雅、醇厚、壯闊的人生的最大屏障。

有些人跟成功根本就不搭軋，看來就像穿著巨人衣服的侏儒，多數的銀行家即是如此。

不要太大聲抱怨別人如何如何錯待你；說不定你會為那些比較缺乏想像力的敵人帶來靈感。

大部分的人越是想擺脫沉迷，越是把沉迷餵養得腦滿腸肥。

改變一個人的想法就跟改變他的品味一樣難。

一般人所謂的「成功」（獎勵、地位、認可和某些新指標）是一種安慰獎，頒給那些不快樂、所做之事又不擅長的人。

在那些被稱為窮山惡水的地方度過的時光是我最快樂的回憶；最無趣的回憶則是在一些號稱風景名勝的地方。

不羨慕他人是件好事，但既不羨慕他人，亦無人羨慕，更上乘。

健身確實是力量的象徵，但除開自然的刺激之外，追求健身的動力也可能代表一種無可救藥的重大弱點。

魅力是一種不必惹惱別人就能侮辱到他們的能力，白目正好相反。

受僱於人是種制度化的奴役，不以為然的人不是盲目就是處於受僱狀態。

他們一出生就被放進一個框框裡；回家後住在一個框框裡；他們靠著勾選框框學習功課；去一個叫做「工作」的框框裡上班，坐在一格一格的小框框裡；他們開著一個框框去雜貨店買放在框框裡的食物；去框框般的健身房坐在一個框框裡；他們愛談思考要「跳出框框」；死後被放進一個框框裡。一切都是框框，符合歐幾里得幾何原理的平整框框。

除了考試，不要聘請名列前茅的學生。

現代性的另一個定義：對話越來越可能完全由地球上其他同時發生的對話當中東拼西湊而來。

二十世紀是社會烏托邦破產的年代，二十一世紀是科技破產。

在蘇埃托尼烏斯（Suetonius）[3]的年代，知名教育家（文法專家）有六成是奴隸。今時今日比例已然來到九成七一，而且繼續攀升。

種種建立社會、政治和醫學烏托邦的努力已經造成了噩夢，許多治療和技術卻是源自軍事方面的努力。

網路的「連結性」形成了一種資訊龐雜紊亂的偽社交，這種特殊型態會讓人在實施限量上網後感覺清爽無比。

大部分的論辯中，大家似乎都在努力說服對方；但他們唯一能寄望的，是有新的論點出現好說服他們自己。

注意到了嗎？藝術收藏之於業餘繪畫，不啻於看色情片之於實際做愛。其差別在於地位。

3——譯註：羅馬帝國時期史家，約西元七〇年至一三五年。

令人莞爾及令人皺眉的笨蛋問題

你偷偷在餐廳觀察夫妻吵架，最令人沮喪的一點是：他們幾乎從來沒有把吵架的真正意旨搞清楚過。

越是一事無成的人似乎越會替人出意見，尤其在寫作和金錢方面。

除非該名退休律師有其他嗜好，否則千萬別與他合夥做生意。

被否認的謠言才有價值可言。

學術界的人有個問題，就是他們真心相信圈外人認為他們比較聰明。

長遠來看，一個人被自己愚弄的可能性要比受人愚弄還大些。

原本大學是收取一點學費為人提供學問知識，現在進化成高價販售文憑。

人分兩種：一種是努力想贏，一種是努力想贏得辯論。兩種人從來就不是同類。

懂得運用理性、從經驗思考出一套辦法，就不會聽信為五斗米折腰的人給的市場建議。

一般來說，我們道歉是為了可以再犯一次。

數學之於知識，猶如假手之於真手的關係；你需要截頭去尾一些才能談到取代。

現代社會對我們的行為總要強加一些愚蠢理由；因此，我們現在「散步是為了運動」，而不是毫無緣由地、為了一些祕藏的理由去「散步」。

設立官僚制度的目的在讓決策者儘量不必承擔決策風險。

社群媒體具有高度的反社會本質；經驗證明健康食品並不健康；知識工作者無知得很；社會科學一點也不科學。

說真話往往音量很低，說謊話則會提高音量。

對無數的人來說，與其在他們生命告終之際追究其「死亡的原因」，我們更應該趁他們在世的時候尋找其「活著的原因」。

在情況不明、資訊不全、一知半解的情況下，人們往往會把不了解的事物歸類為「不合理」。

利用別人的人在受到別人利用的時候最是憤憤不平。

如果你問一個人為什麼需要這份工作而他告訴你的理由不只一個，不要僱用他。

你會在高階主管教育訓練中看到不曾工作過的人教育從不仔細思考的人。

二流思想的失敗案例：一個人告訴你一個祕密，希望你能保密；而他自己正好證明給你看，他自己守不住祕密。

說自己是「長期投資」表示他虧錢了。

社群網站上，網友會把自己的喜好公告周知；要是他們公布的是自己不喜歡的東西，箇中的資訊毋寧更多。

相對於氣候比較炎熱的國家，寒冷國家的人民比較努力工作，比較有錢，生活比較緊張，比較不親切，比較不能接受遊手好閒，比較（過度）有條有理，比較煩惱，令人不禁思考，財富是否僅僅是一種賠償，積極作為的心態，是否僅僅是對無法真正享受生活的過度補償。

在公眾人物揚言提告之前，任何相關的流言蜚語都不該視之為真。

人對因果關聯是如此容易走火入魔，所以只要在對話中來上一句「為什麼？」你就可以讓沉默寡言的人變得口沫橫飛。

即便正確無誤也不要揭露風險值。

我必須不斷提醒自己：真正有獨立思想的人看來說不定像個會計師。

鐵修斯，或史前生活

有三種癮頭害人最深：海洛因、碳水化合物和領月薪。

禁食最重要的一點在於，當你開始進食，你會打從心底萌生莫名的感恩之情。

我測量成功的唯一指標是：你擁有多少必須消磨掉的時間。

不知道獅子（或食人族）願不願意付高價買幾個自由放養的人類。

一本好書在讀第二遍時更棒，精采絕倫的書需要讀第三遍。一本不值得重讀的書，不讀也罷。

你如果走路的時候一定要聽音樂，那就別走路；也請不要聽音樂。

人類在戰爭中毀滅彼此；在和平時期毀滅自己。

齋戒：每個人都該學習閱讀、寫作、尊重弱小，並在必要時冒險發聲挑戰強權，以及禁食。

體育運動讓男人變得陰柔，讓女人變得陽剛。

笨蛋生活中的每個層面都因為科技而降低了品質（且造成危害），他們卻相信自己的生活變得更「有效率」了。

科技和奴隸制度的不同，在於奴隸心知肚明自己並不自由。

何謂高度現代化：以例行公事取代身體勞動，以身體勞動取代有益心靈的開銷，以有益心靈的開銷取代擁有澄明的心境。

要擁有真正的人生，前提是（而且是唯一的前提）：不管你追求什麼，你都不和任何人競爭。

真實生活的考驗是有人給你答案，而你要找出最切合的問題。

罹患了絕症，自然界會讓你死去好減少受苦；醫藥界則是延遲你的死期任由你受苦。

我們對自然（或老舊）的事物會感到心滿意足，例如風景或古典繪畫，對科技卻難以饜足；我們推出各種版本去放大小小的改良、執迷於不斷的升級，猶如陷溺在心理的跑步機上。

「努力工作」只有到了近代才成為榮耀而非恥辱的象徵；在過去，欠缺才氣、練達，最重要的，欠缺輕裘緩帶的氣質，才叫做恥辱。

以前你要等七年，才能分辨一本書究竟是書籍還是新聞報導，現在只需要兩年，不久以後，會只需要幾個月。

簡而言之，現代化是用結果取代過程，用交易取代人際關係。

有些點子於書寫時誕生，有些化做文字便死去。

別人對安息日的定義是：工作六天，休息一天；我對安息日的定義是：工作一天（而且不是一整天），休息六天。

別人稱為「玩耍」的事情（健身、旅遊、球類運動），看來就跟工作沒兩樣：越是努力就越沉迷。

人生貴在及早發現從何時起你的所有物（例如房子、別墅、汽車、事業）開始擁有你這個人。

現代的效率事物，多半只是往後推遲的懲罰。

我們都是獵人，唯有隨機應變的時候我們才是真正活著；沒有行事曆，只有來自環境的小小驚奇和刺激。

對於任何事物，你都可以用無聊取代鐘錶來當作生理的計時器——不過必須在不失禮的限制下。

經驗告訴我，要判斷你是否掌握自己的人生：能睡午覺嗎？

對多數人來說，打從離開自由自在、社交頻繁、未被腐化的大學生活，走向職場和小家庭的孤獨禁錮的那一刻起，解體便已開始。

我讀過篇幅最少的一本書有七百四十五頁。

我讀過篇幅最多的一本書有兩百零五頁。

對嚮往古典年代的人來說，競技求勝的運動員是痛苦的景象——他們賣力地想變成動物而非人類，卻終究跑不過印度豹，力氣也比不過一頭牛。

能夠傳遞的技術：街頭打架、荒野登山、魅力誘惑、廣博的知識。無法傳遞的技術：學校、競賽、運動、實驗室——皆是簡化且組織化了的東西。

正規教育等於文憑加負面知識，所以還算能夠平衡運作。

你的對話（或寫出來的東西）和其他人的對話片段無法輕易拼湊在一起，你才算是完整地活著。

英國人偶爾也有地中海型氣候，不過他們去西班牙是因為他們的自由時間並不自由。

待為時已晚旁人才能理解你的想法是種詛咒。

對大部分的人來說，工作和工作的副產品是一種類似於慢性傷害的腐蝕作用。

充實的人生（幸福人生）在於選擇與責任相符。

最高明的科技是看不見的。

真實生活和現代生活的分別，就跟對話和雙方各說各話的獨白之間的差別一樣。

每當我看到有人在踩跑步機，我就想到最雄壯的獅子；牠們每天花最少的力氣，有二十個小時都在睡覺；其他人則忙著追獵牠們。

Caesar pontem fecit.[1]

所有的社交，只要不是面對面，一律有礙健康。

我看不出富裕過頭和用藥過量有何區別。

1——這句拉丁文的直譯是：「凱撒造了一條橋。」不過言外之意可以解讀為：「他讓別人替他造了一條橋。」

文字共和國

寫作是不斷重複自己而不為人注意到的藝術。

大部分的人書寫是為了把事情記住；我寫作是為了遺忘。

別人所稱的哲學，我稱之為文學；別人所稱的文學，我稱之為新聞報導；別人所稱的新聞報導，我稱之為八卦；別人所稱的八卦，我稱之（統稱）為偷窺慾。

如果教授要先備課才能教課，別去聽這門課。人們只該傳授從好奇心和經驗自行習得的知識——若是不能，請另謀高就。

後世記得作家是因為他們寫出過最好的作品，政客被人記得是因為他們犯過最嚴重的錯誤，商人卻幾乎從來沒人記得。

表面上，書評家似乎是在責怪作者沒有寫出一本他們想讀的書；事實上，他們是在責怪作者寫出了一本他們自己想寫但寫不出來的書。

文學的目的並不是為了提升品德，而是用噴槍把（你自己的）缺陷掩蓋住。

讀一章納博科夫（Vladimir Nabokov）[1]的作品是樂趣；讀兩章是懲罰。

有人叫我要寫分量適中的書，但史上最成功的法國小說，一本篇幅極短（八十頁的《小王子》）一本篇幅極長（普魯斯特二千兩百頁的大作《追憶似水年華》），符合統計上的反正弦定律。

一如自助書籍和哲學之間有其分野，善於表現的妄想和文學之間也有差別。

1——譯註：俄裔美國作家，一九五五年發表成名小說《蘿莉塔》。

你必須不斷提醒自己這個明顯的事實：沒有說出、寫出、展現出來的正是迷人所在。掌握沉默需要高明的技巧。

一個作家在開始教別人寫作之前，都不應該被視為失敗。

自然科學（硬科學）的過程枯燥乏味，但成果動人心魄；哲學的過程動人心魄，但結果枯燥乏味；文學的結果動人心魄，過程也動人心魄；經濟學的結果枯燥乏味，過程也枯燥乏味。

好的格言，甚至不必開啟對話就能讓對方心服口服。

有個作家告訴我：「我今天一事無成。」我的回答是：試試看什麼都不做。要過稱心的好日子，就不能設下任何目標。其實我寫出來的東西，能夠留下的，大都寫於我沒有想要完成什麼的時候。

有的作者在作品完成後才感覺快樂，有的則喜歡進行式的滋味，書也一樣，有的讓你讀時樂趣橫生，有些則讓你慶幸已經讀完。

所謂天才，意指缺點比特質更難模仿的人。

一般書籍，讀完本文，附註略之可也；學術人士寫的書，讀讀附註，本文略之可也；商管叢書，本文和附註皆可略。

如果一個人的學識增加一倍，他引用別人的話即可減半。

一名作家是否江郎才盡，只消看他的新作貢獻是否比前作少。

那些魯蛇們，在評論別人顯然比他們更高明的作品時，總覺得要把創作者無謂地貶低幾句，而且常用「他不是」的句型表達（「他雖不是天才，但……」、「他雖不是達文西……」），卻不明言他是什麼。

你的生命力和你著作中陳腔濫調的密度成反比。

我們所謂的「商管書」，是書店專為那些無深度、無風格、既欠缺嚴謹實證、文字也不純熟精妙的著作所發明的——都是其他品項下的淘汰品。

一如詩人和藝術家，官僚也是天生而非後天造就；要對那樣枯燥乏味的事務保持專注，普通人需要非凡的努力才能做到。

數學家思考符號，物理學家思考物體，哲學家思考概念，幾何學家思考圖像，法學家思考觀念，邏輯學家思考算符，作家思考印象感觸，呆子才會在思考時流於字句。

若非出於禮貌，別在作文、履歷、對話中空談。

專精化的代價是：建築師蓋房子是為了讓其他建築師側目；模特兒瘦成紙片人是為了讓其他模特兒側目；學者提筆為文是為了讓其他學者側目；電影製片拍電影是為了讓其他電影製片側目；畫家作畫是為了讓藝品商人側目。不過，為了讓書籍編輯側目而寫的作家往往都不會如願。

回應批評是浪費自己的情感；不如創作不輟，在那些批評者早已入土之後，依然源源出書。

我覺得很奇怪，為什麼寫新聞的白痴就是不明白，在新聞裡加一點點預測，少一點八卦，新聞記者就會有錢得不像話。要是新聞記者根本不在乎錢，那就去寫文學作品。

當某個作家寫道，塔雷伯使得黑天鵝效應「廣為人知」，我已經料到他打算剽竊我的東西，而且勢必是東施效顰。[2]

習慣讀報的人若是接觸到真正的好文章，反應就像去聽普西尼歌劇的聾人：他們可能喜歡其中一二，心裡卻納悶著：「重點在哪裡？」

有些書是不能精摘濃縮的（真正的文學作品、詩詞）；有些書可以壓縮到十頁；大部分的書可以縮減到零頁。

這個以冪數成長的資訊年代就像一個停不住話的人：他越說越多，聽的人越來越少。

如果你細看，一般所稱的小說，虛構成分不但遠比非小說來得少，想像力通常也沒那麼豐富。

替一本讀過的書寫書評，要比替一本沒讀過的書寫書評難得多。

2——這也是一個他打算模仿我事業的指標，誠乃「跟屁蟲」風格。

大部分所謂的作家之所以寫了又寫，是因為心懷這個希望：總有一天能找到值得述說的東西。

寫一本書說新聞記者滿嘴胡說八道，風險就是評書的都是一些胡說八道的人。

在今天，我們多半只有兩個選擇：要讀那些作者不懂主題但寫得很清楚的書呢，還是要讀那些作者不懂主題寫得也很爛的書。

這是個資訊豐富的黑暗年代：二〇一〇年，光是英語世界就出版了六十萬冊的書，其中值得引述的鳳毛麟角。西元元年左右，問世的書箋箋可數，而儘管倖存至今的少之又少，值得引述的金玉之言卻俯拾皆是。

在過去，多數人蒙昧無知，素養夠可以交談的千人中僅有一人。如今識字率提升，但拜時代進步、媒體薰陶和金融產業之賜，素養夠可以交談的萬人中僅有一人。

相較於（主動地）做跳脫框框的思考，我們更善於（被動地）做跳脫框框的事。

我想寫的是要讀過才能說自己讀過的書。

我們之所以變成笨蛋，有一半的原因是沒有領悟到：你不喜歡的東西說不定是別人的最愛（因此後來也變成你的最愛），反之亦然。

把自己想成一個行動派，危害遠比把自己當成一個有思想的人而付諸行動來得小。

在掩飾邪惡、缺憾、脆弱、惶惑的時候，文學是活生生的；只要涉及一絲絲的說教，文學就死了。

不管哪個領域，如果你不覺得自己才疏學淺，那你就真的才疏學淺。

普世的與獨特的

我依然記得那些靠我一己之力學會的東西。

平庸的心靈從諸多故事（和情境）中尋找類同點；精緻的心靈則是推敲箇中差異。

要領會「普世」和「獨特」之間的差異，你不妨這樣想：有些衣服比較適合吸引某個特定的人，而不適合讓一整群人驚豔。

我們會在不知不覺中放大自己和朋友的共通點；自己和陌生人的差異；自己和敵人的懸殊差異。

很多人實在太沒創意了，他們讀史竟然是為了尋找錯誤以備重蹈覆轍。

所有（普遍）被視為有害的東西在某些獨特情境下總有益處，所有被視為有益的東西在若干獨特情境下也會造成傷害。制度越複雜，「普世性」的觀念就越站不住腳。

笨人對獨特的東西一視同仁；呆子把普遍的東西視為獨特；有人兼而有之，智者兩者皆不為。

你想做自己，有自己的特性；群體事物（學校、規定、工作、科技）卻要你變得與眾人無異，最好相像到去勢的地步。

真正的愛，是獨特性壓倒普遍性、無條件壓倒有條件的全面勝利。

對誠實的人來說，自由意味著沒有朋友；再往上一個境界，聖人的自由，是沒有家庭。

被隨機性所愚弄

除非我們能夠操控環境，否則我們極難控制自己該想什麼事、要想什麼人，一如我們無法控制心臟的肌肉。

我們很難同領薪水的人爭論什麼，簡單的事在他們眼裡很重要，而重要的事會變得似乎很簡單。

摩爾定律的延伸：每過十年，群體的智慧就會減低一半。[1]

高手是在旁人眼裡一時具有某種重要性的人，而非某種臨時存在的重要性。

上帝創造蒙地卡羅這類地方，好讓富中之富體會到何謂豔羨。

永遠不要剝奪任何人的幻想，除非你可以在他心裡用另一個幻想取代之（不過，不要費太多力氣在上面；遞補的幻想甚至不一定要比原先的幻想更有說服力）。

很多你認為是隨機的東西其實可以由你掌控，這毋寧是悲哀，更慘的是相反：很多你認為可以掌控的東西其實是隨機的。

笨人認為自己比較獨特，別人不過一般；聰明人認為自己只是一般，別人比較獨特。

學界人士毋能失去教職，但商人和投機分子，不論貧窮富貴，皆可宣告破產。這種不公平，令人為之氣結。

醫藥界能愚弄人類如此之久，是因為它把成功案例凸顯出來，把錯誤（真的是錯誤）湮沒不彰。

當你專注在你知道而別人不知道的事情上而非相反，你就是步入了圈套成了笨蛋。

1——摩爾定律：指ＩＣ運算效能預計每隔十八個月便會增加一倍。

新聞記者不懂何為趣聞，也沒什麼大不了；大部分的人根本不懂，轟動的事件不見得有趣。

中古世紀的人是巨輪裡的小齒輪，他不懂這個巨輪的運作；現代人是個複雜體系裡的小齒輪，可是他自以為理解這個體系。

若機長把飛機開到墜毀，那麼n=1就非奇聞軼事；若飛機沒有墜毀，那麼n=100就是傳聞。

資訊時代的不幸是：資訊的毒害比益處增加的速度快很多。

從羅馬政治家老加圖到某個當代政治人物，[2]這段演變歷程最能看清媒體的角色。如果你想被嚇壞，不妨做些推演。

勇氣並不是澄明心境的產物；心境澄明才是勇氣的產物。[3]

機率是嚴格至極的數學算式與混亂不堪的人生交會之處。

換言之，每個人時時刻刻面臨到相同的機率（無法以人力掌控），而非相同的結果。

若你不能讓某人產生新的錯覺，就不要讓他錯覺幻滅。

2——例如，莎拉．裴琳（Sarah Palin，前美國共和黨副總統候選人）。

3——以為不明事理是人類萬惡之源而非萬惡的結果，是自蘇格拉底以降的最大謬誤。

一如統計學家比木匠更了解輪盤次序的風險，機率學家也比生物學家更了解系統性的生態風險。

沉迷於資訊、網路、媒體、報章的人多半都吞嚥不下這個觀念：要把垃圾從人的大腦中移除，知識才可能進駐（這是主要的途徑）。

上焉者能容忍他人小小的言行不一，但不會容忍大的；下焉者容忍他人大大的言行不一，卻不肯容忍小的。

爭論是一種有利可圖的娛樂，媒體不必付錢，就有吵得面紅耳赤的演員。

隨機性和複雜的、未被察覺的、無從察覺的秩序是難以區辨的，而秩序本身和高明的隨機性也是無可區辨。

談美

藝術，是你和那些看不見的東西在單向對話。

將黃金馬鞍佩戴在病馬身上，更顯問題之重；虛有其表、華而不實，令乏善可陳變得噁心。

曼德伯（Benoît Mandelbrot）[1]的天才，在於不必鼓動如簧之舌就能臻至簡潔之美。

毫不遮掩的不規律可增添美感，明顯外露的謬誤中更見磅礴。

要了解「進步」的意義：所有被我們視為醜陋的城市一概是人造的、現代的（紐華克），絕不是天然的或歷史的（羅馬）。

我們熱愛不完美，不過是那種正確的不完美；所以我們會付高價去買原創藝術和排版錯誤百出的初版珍本。

大部分的人只須聽到某個人說「這是美麗的藝術」就跟著說「這是美麗的藝術」；有的人則要聽過兩個人以上這樣說才肯學舌。

能言善道，沉默才有意義。

穆太奈比（Al-Mutanabbi）[2]自詡是最偉大的阿拉伯詩人，不過他這番自誇是藉由最好的阿拉伯詩詞表露出來。

機智的迷人之處，在於它昭顯出一種不帶冬烘味的智慧。

經典中對知名人物的描寫，總是男人瘦女人豐滿，現代的照片裡則反是。

1——譯註：碎型理論之父。

2——譯註：阿拉伯行吟詩人，九一五年至九六五年。

從研究神經生物學來了解人類，有如透過墨跡了解文學。

一如任何猿猴都比不上最醜的人類來得漂亮，任何學者也不及最末流的創作者來得有價值。

想激怒一位詩人，就去闡釋他的詩。

道德

你若能找出任何理由解釋你和某人何以結為朋友，你們就不算是朋友。

軍人對國家的忠貞，不及同袍之情（可為其捨命）。學者對真理的忠誠，不若同儕之誼。

我對現代社會的最大質問，或許就在於法律與道德之間的漸行漸遠。[1]

比起說實話，人們說謊的時候，透露更多自己的資訊。

若說人類是唯一有正義感的動物，那顯然也是因為，我們是唯一會行殘酷之事的動物。

人生之美：某個跟你沒有關係的外人在你生命中對你做出了最仁慈的事，而他對你的回報毫無興趣。[2]

當誠實的人被騙子誤認為騙子，那是很高的讚譽。

我們對於幫助最不需要我們幫助的人最是積極。

據說，無法與胡說八道妥協或容忍胡話的人會失去朋友。但你也會因此交到朋友，更棒的朋友。

要評價某個人，想想你和他（或她）初次邂逅和最近一次見面時的印象差距有多大就知道了。

1——美國前財政部長兼「銀行業者」羅伯特．魯賓（Robert Rubin），或許堪稱史上最大的惡賊，但他的行為完全沒有犯法。在一個錯綜複雜的體系下，法律和道德之間的歧異日益膨脹……直到爆掉為止。

2——反面的情況是：曾經在你人生某個階段關愛過你的人，到頭來卻傷你最深。

用做出來的行為、寫下的文字和說出口的話語來膨脹自己的地位，就像額頭前面貼了標籤，旁人看得見，本人卻不自知。

沉思冥想是一種不傷任何人的自戀方式。

天使總會在某個地方成為混蛋。

混蛋總會在某個地方成為天使。

真正的謙遜會讓你自己比別人更感意外；其餘的謙遜行徑不是出於害羞，就是高明的炒作。

政治人物和哲學家的區別在於，政治人物的辯論不是在說服對手，而是在說服聽眾。

看到某些人誇耀自己的豐功偉業，我們嗤之為品味低俗，可是某些國家這樣做，我們卻稱之為「國家的驕傲」。

江湖郎中還有一項特色：不發表會讓自己惹上麻煩的意見。

你只能讓那些認為相信之後有好處的人相信你的話。

以有禮有節的鄙夷取代仇恨是偉大的開端。

除非某個人對旁人或體制造成傷害，否則千萬別罵他弱智（或該死的白痴），出言侮辱，也要有道德。

靠躺著或站著謀生的人，要比坐著賺錢的人更值得信任。

絕對不要聽信業務的意見，也不要相信會從建議中得益的人。

你的責任是大聲說出應當大聲疾呼而大家只敢小聲說的真相。

美德的悲哀是：越是清楚明白、無聊乏味、欠缺原創性、像極了說教的諺語，要付諸實踐就越難。

要邪惡又不想承擔風險是一種窘境。

再怎麼一毛不拔的吝嗇鬼，也不會吝於施捨忠告。

如果你騙我，請繼續騙下去；不要突然告訴我真話而傷害我。

你做出行為、寫出文字、說出話語，旁人比你更容易察覺得失之間的不對稱。

不要信任一個需要一份收入的人——除非他需要的是最低工資。[3]

3——陷溺在企業羅網裡的人為了「養家活口」，什麼事都做得出來。

你會活得比你的體力久，可是絕不會比你的智慧久。

紙上公民、貪圖通行之便持有某國護照、課民之稅而不用之於民，謂之低劣。

弱者所作所為是了滿足需要，強者行動則是出於盡責。

不論獎勵為何，以獲得獎勵為出發點的所作所為，腐敗至極及於根本。

宗教和道德觀已經進化了；從承諾你只要做善事就能進天堂，演變到承諾你在行善之際即是身在天堂，現在則是逼你承諾要做善事。

社會流動需要一條雙向高速公路，上面有一大群即將富裕起來的人，以及一大群曾經富裕的人，兩者人數相當。

請不要把那些當時別無選擇的人稱做英雄。

世界上有人會因為你給他們的東西而感謝你，也有人會因為你沒給他們的東西而責怪你。

覺得不公平乃是人類天性；而欣羨，一如對報復的渴望，乃是惡人覺得自己受到不公平待遇時展現的樣態。

道德之士會讓自己的職業符合信念，而不是拿自己的信念遷就職業。中古世紀以後，此風已日漸稀少。

娼妓（暫時）出賣靈肉，比為了升官或保住工作而出賣意見的人要高尚許多。

我信任所有的人，只除了那些自稱值得信任的人。

人常常需要暫停自我推銷，生活中也需要有個不必互別苗頭的伴。這就是養狗的原因。

寧可相信貪財者成千上萬次，也不要相信貪圖文書憑證的人一次。

幫助忘恩負義的人才是純粹的慷慨。其他形式的慷慨無非是自利而已。[4]

不知道騙子有沒有想過，老實人也可能比他們還精。

相信信任你的人，不要相信懷疑他人的人。

普魯斯特的作品裡有個人物叫莫羅。他把借他錢的猶太人尼辛·伯納德視若妖魔，甚至變成一個反猶太的人，只為了逃避感激的感受。

回報他人的慷慨之舉：對象僅限在相同情況下，會對他人同樣慷慨的人。

4——康德的倫理學。

承諾你行善就有好運作為回報，聽來與賄賂無異——或許這是道義論和古典道德觀尚未問世前的古老年代的遺緒。

善良是你報給稅務機關的所得金額，大於你想讓鄰居知道的金額。

高尚與傲慢的差別，在於無人旁觀的時候你會做什麼。

要接受時間是合理的，不要去想時間是否公平或符合道德。

民族國家是：不涉及政治不正確的種族隔離。

在百人之中，百分之五十的財富、百分之九十的想像力、百分之一百的智識勇氣都存在於一個人身上——但不見得是同一個人。

下層階級通常是被中產階級毀掉，此乃羅馬的故事。

一如一頭染髮會讓年長者減損魅力，你為掩飾弱點所做的行為也會引發眾人反感。

千萬別買業主自己都不使用的產品，以藥品來說，別買藥廠老闆自己用都不用的藥品。

我們會用「為錢所役」來形容傭兵，對於受僱的員工，我們卻以「每個人總得謀個生計」為他們應負的責任開脫。

我真的很受不了別人叫我好心「說服」江湖郎中。美國聯邦調查局可不會去「說服」黑手黨金盆洗手。

英文裡，高尚的傲慢（見大人則藐之）與低下的傲慢（對無名小輩頤指氣使）沒有被區分出來。

分配正義不是從誠實的風險承擔者那裡取走利潤，而是讓他歸還財富的機率變得非常高。

某個和你屬於同一社會階層的人變窮了，要比成千上萬非屬於你階層的人餓肚子，對你影響更大。

要多才多藝才能當個善良不無趣的人。

強固與反脆弱

欲了解事物的運作機制，先釐清如何破壞它。

如果你在失去財富後不必卑躬屈膝而讓自己的羞辱更甚，這才叫做真正的安全保障。[1]

1——這是我曾曾曾曾祖父的定律。

要測試一個人對名聲被誤解的抗壓性有多強，不妨當眾問他是不是「還是窮困潦倒」，或是不是「還在賠錢」，然後看他的反應就知道了。

解決問題的辦法（總的來看）應該要比問題本身簡單，此乃普世通則。

人生（以及風險管理）的訣竅在於，獲得經驗前後，都要對經驗抱持相同尊重。

持續前進而無一絲不耐，是謂強固。

當你在兩個抉擇之間天人交戰，那就兩個都不要選。

民族國家喜歡戰爭；城邦國家喜歡商業；家庭喜歡安定；個人喜歡找樂子。

「從他人的錯誤中學習」這個概念的問題在於，人們所謂的錯誤大都不是錯誤。

如果你對少數喜歡你工作的人要比對不喜歡你工作的多數人更在乎（藝術家），你就是強者；如果你對少數不喜歡你工作的人要比對多數喜歡你工作的人更介意（政客），你就是弱者。

理性主義者的夢想是個沒有笨人的社會；經驗主義者的夢想是個笨人不得而入的社會——若是理性主義者不得而入那更好。

你可以避免失敗，卻無法零失敗。

學者只有在努力成為無用（例如，數學和哲學）的時候才有用，他們若是試著成為有用，就會變得很危險。

對於強者，錯誤是一種資訊；對於弱者，錯誤就只是錯誤而已。

你對名譽受損的抗壓性有多強，最好的測試是：你在收到某位新聞人士發來電郵時的情緒狀態為何（恐懼、喜悅或無聊）。

當作家最大的缺點（尤其在英國），是你無論當眾或私下做什麼，都損害不了你的名聲。

能夠管好有權有勢的低能者，讓人們不受其所害，才是有用的政治體制。

儘管恨之入骨（不管是發自個人或國家），只要換個不同的仇恨對象，這股炙熱的仇恨就會終結；等閒俗人沒有能力處理一個以上的敵人。這就是交戰的國邦總在變換盟友和敵營，且儼然已成為一種強大制度的原因。

如果有個地方無知會受到懲罰，可以想見人們會暴跳如雷，並犯下爆炸性的錯誤。

我認為，不喜大政府卻偏好大企業是矛盾（兼腐敗）——但（可悲可嘆）反過來就不是。

愈來愈多人不是因為智力低下而無法做學問，而是因為無法掌握失序狀態。

依你搭乘越洋飛機的經驗，你有多常是晚到一小時、三小時或六小時而非早到一小時、三小時或六小時？此之所以實際赤字常會大於預期而非小於預期。

對自由的人來說，兩點之間最佳（最有利）的路線永遠不會是最短的那條。

戲局謬誤和領域依賴[1]

我最近在一間餐點精緻名稱華麗的高級餐廳吃了一頓（一客一百二十五美元），後來又吃了一份新鮮剛出爐的披薩（一客七·九五美元）。不管披薩要價多少我都寧願吃它，而不想吃那種精緻餐點。不知道為什麼披薩的價錢竟然不是精緻餐點的二十倍。

1 —— Ludic 是個拉丁字，意涵是「與遊戲有關的」；戲局謬誤（ludic fallacy），指的是《黑天鵝效應》書中所點出、把人生視為規則清楚分明之戲局（或正式比賽）的普遍謬見，殊不知我們應該視遊戲如人生才對。至於領域依賴（domain dependence），意指一個人在某種環境下（如，健身房）是一套行為，換了不同環境又是另一套，雙重標準是也。

體育運動是商業化了的——可悲——也是娼妓化了的隨意性。

靠體力打敗別人，你不但運動了身體也讓壓力有了出口；在網路上以言語攻擊別人，你徒然傷害自己而已。

吃牛肉不會把你變成一頭牛，研究哲學也不會讓你變得更有智慧。

一如平滑的表面、競技性的運動、分工精細的工作讓一個人的身與心變成化石，學術界的競技也能讓靈魂變成化石。

去上棋藝課只能增進下棋的技巧，這點大家都同意，去教室上課（幾乎）只能增進課堂的技巧，這點大家卻不以為然。

人們喜歡到湖邊吃魚肉料理，即便那條魚是在很遠的地方抓到，被卡車送過來的。

那個商人到達杜拜旅館的時候，有個挑夫替他提行李；我後來看到他在健身房裡練槓鈴跟啞鈴。

人類之所以創造競賽，是為了給那些非屬英雄的人一種勝利的幻覺。真實人生裡，你不會知道誰是真正的贏家或輸家（要不就是見真章時為時已晚），不過你看得出來誰是英雄誰不是。

讀者不太會注意到審稿人挑出來的錯誤，反之亦然。

我認為，智商測驗、學術能力測驗和在校成績都是書呆子設計出來的，如此他們就能考取高分，以遂其互讚聰明的目的。[2]

他們用電子書讀吉朋（Edward Gibbon）的《羅馬帝國衰亡史》（*The Decline and Fall of the Roman Empire*），卻不肯用保麗龍杯子喝極品葡萄酒。

大部分的人無法理解為何治學嚴謹的人瞧不起學術圈，但他們卻能理解喜歡美食的人討厭罐頭鮪魚。

雙重標準的最佳例證，是我最近的一趟巴黎之旅：我和幾個朋友在一家法國餐館午餐，他們只吃鮭魚肉而把魚皮丟棄；到一家日本壽司店進晚餐，同一批朋友卻把鮭魚皮吃下肚，魚肉則棄而不食。

我們一步一步地把人類的勇氣和戰爭做出分野，卻任由那些膽小鬼靠電腦技術殺人，完全不必冒任何生命危險。是謂弱。

無法實做的人不該為人師表。

2——智商測驗分數低的聰明人或明顯弱智但智商測驗分數很高的人，如美國前總統小布希（智商分數一三〇），是在考驗這些測驗，而非這些測驗在考驗他們。

認識論和減法的知識

自柏拉圖以降，西方思潮和知識理論一直把焦點放在是與非的觀念上；此舉雖值得推崇，但該是把關注重點轉移到強弱之分，以及更嚴肅的社會認識論命題——笨蛋與非笨蛋之別——的時候了。

知識的問題出在：鳥類學家所寫的鳥類叢書，遠比鳥類自己所寫的鳥類叢書和由鳥類執筆的關於鳥類學家的書來得多。

要從已經發生的事，改為以尚未發生的事作為知識的後盾。

不折不扣的笨蛋懂得豬玀不識明珠的道理，卻渾然不覺自己可能身處於類似的情境。

在符合邏輯的一致體系裡，若是違反了一項規定，你最好至少再違反一項邏輯規範。

要接受這個事實需要非凡的智慧與自制力：很多事情自有一套我們無從理解的邏輯運作，而這套邏輯要比我們的邏輯更聰明。

知識要用減法，而非加法——它是我們減完後的東西（減去行不通的和「不要」去做的事），不是加上去的東西（要做的事情）。[1]

大家都以為，所謂聰明是注意到相關的事情（查察到箇中模式）；但在一個複雜的世界裡，聰明還包括不去理會不相干的事情（以免落入虛假的模式）。

在衝突中選擇妥協的中間地帶，最有可能出錯。

快樂：我們不了解它的含義，也不知道如何測量或獲得它，但我們非常懂得如何規避不快樂。

在醫療和社會的領域，治療和掩蓋症狀絕對不可相提並論。

1——辨識江湖郎中最好的方法：這人會告訴你要做什麼而不告訴你「不要」做什麼（例如，諮詢顧問或股票經紀人）。

天才的想像力遠遠超過他的智力；學界人士的智力遠遠超過他的想像力。

理想且對社會及學生造成最少傷害的「三學科」教育，[2]應該是數學、邏輯學和拉丁文；拉丁文章的比重應該加倍，以彌補數學所導致的嚴重智慧流失；數學和邏輯學點到即可，以制衡言不及義的廢話和夸夸之言。

這四個最有影響力的現代人物，達爾文、馬克思、佛洛伊德和（裨益眾生的）愛因斯坦，都是學者而非學界人士。在組織機關下很難做出真正——且不朽——的作品來，自古皆然。

2——譯註：原指文法、邏輯、修辭。

預測之恥

預言家並不是什麼有特殊識見的人；他們只是對大部分別人看到的東西視而不見而已。

對古人來說，預測歷史事件是對上帝（或眾神）的侮辱；於今則是對人類的侮辱——對某些人來說，不啻就是對科學的羞辱。

古人深知，要理解事件的來龍去脈，唯一的方法就是使它發生。

任何預言的宣告或意見的表達，如果不涉及失去某樣東西的風險，都蘊含欺騙的成分。除非這人願意冒險與沉船共進退，否則就像是看一部探險電影。

如果有人告訴他們，在閃族語系（Semitic languages）[1]當中，預測跟「預言」是同樣的字彙，他們會把預測看得嚴肅一點。

塞尼加（Seneca）[2]這位斯多葛學派的聖人，應該在他的國家腐敗到無可救藥的時候悄悄從公共事務裡抽身。等待自我毀滅比較聰明。

1——譯註：包括希伯來語、阿拉伯語、衣索比亞語等。

2——譯註：羅馬政治家、哲學家、悲劇作家。

給身為哲學家以及努力維持哲學家身分的人

要當一個哲學家，你得從走路很慢很慢開始。

真正的數學家懂得什麼叫完整，真正的哲學家懂得什麼叫不完整；其他的人嚴格說來什麼也不懂。

到了二十五世紀，再也不會出現論深度、優雅、機智、想像力皆堪與柏拉圖媲美的人類——屆時再也沒有人能保護我們不受他遺留的思想影響。

哲學家運用邏輯但不使用統計學，經濟學家運用統計學但沒有邏輯，物理學家兩者兼顧。

我為什麼對柏拉圖問題如此執著？大部分的人必須超越他們的前人，而柏拉圖超越了他所有的後人。

看著某人對你不在乎的事情興奮異常，令人不解卻很有趣；眼睜睜看著他們忽略你認定的基本常識是種罪惡。

當個哲學家，必須藉由長長的散步、藉由推理（且唯推理而已）體悟到真理，此之謂先驗知識；其他人只可能藉助經驗中的錯誤、危機、意外和破產學到東西，此之謂後天歸納。

工程師會計算但不會下定義，數學家會下定義但不會計算；經濟學家既不會計算也不會下定義。

就認識論的觀點看，有界線但不知其上限為何的東西就相當於無限；此為知識之無限。

數學要人像脫韁野馬渴求抽象事物，哲學精準掌控這樣的慾望。

有自覺的無知，如果切實履踐，能夠擴展你的世界；它能讓事情變得無限。

對古典學派來說，哲學洞見是閒逸生活的產物；對我來說，閒逸生活是哲學洞見的產物。

對很多人來說，要做很多準備才能學會平凡。

有道理的東西其實不見得有道理，要接受這個想法需要高度的智識和信心。

這是神學上的「普洛克拉斯提之床」：自貴格利．帕拉馬斯（Gregory Palamas）[1]之後的東正教和自阿爾加卓爾（Algazel）[2]以降的阿拉伯世界，所有利用普世哲學的語言替上帝下定義的企圖，都是理性主義的謬誤。我還在等哪個現代人注意到這點。

我們要尋找能夠評估的風險，那樣的風險是可以承擔的風險。

說「數學的不確定性」就像說「守貞潔的性」一樣——已數學化的東西不再是不確定的，反之亦然（不確定的東西不可能數學化）。

用機械化的呆板方式學習數學，不去深究隱藏於背後的意義，你將不得其門而入。

1——譯註：著名希臘正教神學家，一二九六年至一三五九年。

2——譯註：著名伊斯蘭教神學家、哲學家，一〇五八年至一一一一年。

哀哉，我們從笨人、經濟學者和其他負面範本身上學到最多東西，卻以最不堪的忘恩負義回報他們。

領薪水的人只不過是別人的繼父母。他們可以成為稱職的繼父母，卻永遠比不上親生父母。

柏拉圖有一篇以〈普羅塔哥拉斯〉（Protagoras）為標題的對話錄，提到蘇格拉底把哲學看做是人類對真理的集體追求，對比之下，那位智者[3]只是利用口舌辯術占人上風取得名利而已。二十五個世紀之後，這完全就是領薪水的研究者和熱愛終身教職的現代學術人士的寫照。可謂進步。

---

3 —— 譯註：古希臘時期專門教人辯論技術的人，普羅塔哥拉斯是非常有名的一位。

經濟生活和其他非常鄙俗的命題

有些稱號，例如「經濟學者」、「娼妓」或「顧問」，就算附上更多的描述，也不會讓你更明白其所指稱。

數學家解題從有問題開始；顧問則是先提出「對策」，然後創造出一個問題來。

財富不平等是短暫的，一次衝擊就能讓財富重新分配，但階級不平等會延續。

別人名為「風險」，我稱之為機會；但別人視為「低風險」的機會，我稱之為笨蛋問題。

若你察覺業務在壓抑臉上的笑容，那你就買得太貴了。

組織就像受到咖啡因刺激的笨蛋，會不自覺地向後跑；你聽過到達終點的寥寥無幾。

大公司有三種：快要破產的大公司，隱藏破產事實的大公司，以及破產了還不自知的大公司。

要知道某個人是不是笨到極點（或聰明絕頂），最好的測試是看他認不認為金融和政治新聞有意義。

左派抱持的觀點是：因為市場是愚蠢的，所以模式應該是聰明的；右派的信念則是：因為模式是愚蠢的，所以市場應該是聰明的。真可悲，這兩個陣營都沒想過，市場和模式其實都很愚蠢。

如果數值是正的，以淨值表示；負的就以總額表示。

經濟學猶如一個死去的星球，看似還在發光，但你知道它已經死了。

有一名交易員聽信公司裡「首席」經濟學家對黃金的預測，卻因此虧了一大筆錢。交易員被公司解雇了。他氣沖沖地跑去質問開除他的老闆：「為何只開除我，不開除經濟學家？他也要為損失負責。」老闆回答：「蠢貨，我們開除你不是因為賠錢，而是因為你聽信那個經濟學家的話。」

天真的笨蛋認為，金錢可以治好貪婪，藥物可以治好成癮，專家可以治好專家問題，銀行家可以治好金融業，經濟學者可以治好經濟，花錢舉債可以治好債務危機。

當某個企業老闆公開宣稱「沒什麼好擔心的」，你可以斷言，他心裡一定有很多擔心。

經濟學是讓簡單的事情變複雜，數學是讓複雜的事情變簡單。

股票市場，一言以蔽之：投入市場的人安靜地排隊等著被屠宰；他們還以為自己排隊是為了看一齣百老匯戲劇。

如果有東西（例如股價）看起來有點偏離常軌，那它就是偏離常軌了。如果看起來偏離常軌太多，那是你的評估方式錯誤。

政府紓困和抽菸最主要的區別在於：極少數的情況下，「這是我最後一根菸」的宣示可能成真。

鬼話連篇比胡扯兩三句容易。

導致我們脆弱的原因是：機關組織不可能擁有像人一樣的美德（榮譽、誠實、勇氣、忠誠、堅韌）。

史上最大的傷害是因為有能力的人試圖去做善事所致；最大的進步是因為沒有能力的人「並沒有」試圖去做好事。

說某人精於獲利只是不善管理風險，無異於說某位醫生開刀技術一流，但讓病患死亡的案例不算在內。

銀行和黑手黨的差別：銀行對專業的法律規章較為熟諳，不過黑手黨懂得大眾心理。

「騙幾億元要比騙區區幾百萬容易得多。」[1]

創業不僅關乎賺不賺錢，也攸關存亡。

在莫斯科的一場專題研討會上，我看著一位寫出無人閱讀的著作、無人應用的理論、無人聽得懂的演講而獲頒「諾貝爾獎」的經濟學家。

任何喜歡開會的人都該禁止參加會議。

非線性領域的「科學近似值」之所以無法成立，原因出在這個麻煩的事實：平均的預期值並不等同於一般人的預期。[2]

1——馬多夫（Bernard Madoff）騙局事件的啟發。

2——千萬不要渡河；因為河的平均水深是四呎。此即為一般所稱的「簡森不等式」（Jensen's Inequality）。

經濟學家是下列身分的綜合體：一、沒有常識的生意人；二、沒有大腦的物理學家；三、沒種的投機分子。

新聞記者是顛倒是非的警句專家；我說：「要賺到一輛寶馬需要技巧，要變成華倫．巴菲特更得加上運氣。」結果被縮簡成：「塔雷伯說巴菲特『沒有』技巧。」

好奇的心靈擁抱科學；有天分和敏感的心靈擁抱藝術；務實的心靈擁抱商業；剩下的就成了經濟學家。

史迪格里茲（Joseph Stiglitz）[3]對經濟學知之甚詳，卻不懂尾端風險（tail risk）。[4]正如熟知飛航安全卻對飛機失事一無所知。

上市公司就像人類細胞，注定要走向死亡，也就是透過負債和隱藏的風險自取滅亡。紓困方案以歷史性的規模投入了這個過程。

有腦無膽之人成為數學家，有膽無腦之人加入黑手黨，無膽無腦之人成為經濟學家。

在貧窮國家，官員明目張膽地收賄；在華府，官員替大企業效命，以換得精密細微、隱而不顯、不能言宣的承諾。

銀行家到頭來貧窮以終，此乃殘酷命運的最高境界。

3——譯註：美國經濟學家，二〇〇一年諾貝爾經濟學獎得主。

4——譯註：稀有事件帶來的極端風險。

千萬不要聽信為了生計工作的人給出的投資建議。

我們應該讓學生重新計算平均學業成績——他們的財務學和經濟學分數應該逆著計算才對。

拜疊床架屋的隱藏風險之賜，代理問題[5]把每一家企業都推到脆弱的最高點。

談論或書寫金錢相關事務的人為錢腐敗，例子比賺錢的人多。

政治上，我們面對的選擇是：一邊是逞兇鬥狠、熱愛民族國家、大企業的代理人；一邊是盲目於風險、由上而下、知識傲慢、唯大財團是從的大公僕。不過，我們畢竟有選擇。

要過上美好的一天：一、對陌生人展露微笑；二、用出乎意料的好話給人驚喜；三、真誠地凝視老人家；四、邀請朋友不多的人喝杯咖啡；五、公開羞辱經濟學家，或讓哈佛教授打從心底感到焦慮。

要一點一點釋放好消息，一次道出壞消息。

千萬不要請顧客提供建議。

5——譯註：agency problem，財務名詞，意指代理人的所作所為並沒有完全符合委託者的利益。

聖人、弱者與高貴之人[1]

1——亞里斯多德在著作《尼各馬科倫理學》（*Nicomachean Ethics*）中創造了一個辭彙，megalopsychos，意為「有偉大心靈的人」，我將它譯做高貴之人。他們以偉大的事務自許，深知自己的人生定位，所作所為莫不恪遵一套道德修養標準，對瑣細俗務敬而遠之。這個偉大心靈的觀念，後來雖被基督教教義所提倡的謙卑取代而式微，但在黎凡特文化中（Levantine culture，地中海東部黎凡特盆地區域）迄今猶存，而這些人活脫脫就是今之卡比耳（Kabir，一三九八年至一五一八年，生於印度，被尊為印度教的聖人，錫克教的上師）。高貴之人有很多特點，走路緩慢是其一。

庸人對小小的羞辱往往怒不可遏，對重大的羞辱卻噤若寒蟬、逆來順受、消極以對。[2]

想辦法不顯露脆弱，為脆弱之表徵。

一流男人的唯一定義是：如果你費心努力想當個一流男人，你永遠也當不成。

承擔風險的人從不抱怨，他們會直接去做。

手上什麼證據也沒有的人，永遠都不會承認自己手上什麼證據也沒有。

要當個善良的人，你必須無趣地在每個小地方做到善良。要當個高尚的人，你只需要在幾件重要的事情上表現高尚（例如，在正當理由下，甘冒賠上性命、事業、名聲的風險，或在沒有人有膽量說到做到時言行一致）。

弱者炫耀自己的優點，掩飾自己的缺點；高貴之人視自己的缺點如裝飾，坦然示之於人。

高貴的定義為同時符合以下三點：敵人心不甘情不願的稱讚、朋友的批評，以及不論敵友皆肯定你的偉大。

2——想想他們對於金融銀行和經濟相關機構的反應。

有智慧卻不乏味，何其超卓；乏味亦無智慧，何其可悲。[3]

某人對你出言不遜，但他喜歡與你作伴更勝旁人；批評你的人，仔細查看你的作品；給你難堪的人，一收到你的電郵便會打開——這就表示，你做對了。

我敬佩的特質是博學，以及當一半的人類害怕聲譽受損而裹足不前時有挺身而出的勇氣。任何白痴也可能腦筋好。

庸人對自己不當言而言的懊悔超過當言而不言，素養高些的人對自己當言而不言的懊悔超過不當言而言，高貴之人對自己的言與不言都無懊悔可言。

同情比我們不幸的人，需要有人道關懷的精神，但不去羨慕比我們幸運許多的人，需要有一顆高尚的心。

一般人與說謊、偷盜、殺戮甚至以華府聯準會預測專家之姿維生的人之間，只是或多或少幾斗米的距離。他們永遠不會成為高貴之人。[4]

社會科學的用意，是發明一種我們能夠了解的人類品牌。

3——看看美國聯邦準備理事會（Federal Reserve，譯註：簡稱Fed，相當於我國的中央銀行）主席柏南奇（Ben Bernanke）。

4——我得把亞里斯多德的《尼各馬科倫理學》第四卷讀過十遍，才能領會到他的弦外之音（但他心知肚明）：高貴之人（有偉大心靈的人）之精神在於絕不跟人談條件。

我們欣然接受民族國家的自戀情操，卻不允許個人自戀：這當中的複雜性，暴露出整個體制的道德基礎相當薄弱。

當我們對同儕說「祝好運」，弱者心頭期望的正好相反；強者有口無心；只有高貴之人是出自肺腑之言。

與人們普遍相信的事實相反：「成功」並非上等之事，其乃獨立於階級之外。

在過去，只有一些雄性才能生育，但所有的雌性都能懷孕。平等對女性而言毋寧更為自然。

有人說：「哲學界需要更多女性投入。」但哲學界也缺男性。

對於聽來的話，高貴之人只相信一半，對自己口出之言則是深信不疑。

遇上失敗，人就容易加入斯多葛學派。

言語威脅是無能最有力的證明書。

擁有智慧的第一步也是最艱難的一步：扭轉「人們知己所欲」的標準假設。

史上最被稱頌的勇敢行徑並不是荷馬史詩中的鬥士，而是兩個為理念而死、甚至是自投死路的東地中海公民。

弱者不可能是個好人；或者該說，只有在一個包山包海、無遠弗屆的法律制度下，他才可能做個好人。

善良是接二連三在小事上不採取行動；但只要有一次拿出膽量，犧牲小我，衝動地完成使命，就能成就高尚與偉大。

不管用什麼方法，要避免跟言語打交道——威脅、抱怨、祈求、敘事論述、重新解讀、合理化解釋、贏得論辯的企圖；總之，對言語要敬鬼神而遠之！

要彬彬有禮、進退得宜、溫文爾雅，但對於你不會聘請的人所給予的意見、稱讚和批評，並不需要加以理會。

根據薩摩撒塔的盧西安（Lucian of Samosata）[5]所寫，哲學家德摩那克斯（Demonax）曾經制止一個斯巴達人鞭打他的僕人。他這樣說：「不然你就跟他沒兩樣了。」

你不能罵髒話的人愈少，你就愈自由；你能罵髒話又不會有事的人很多，你卻沒有說出口，則是代表你很高尚。

古典時代的人最怕死得不光榮；現代人純粹就只是最怕死。

我從不相信沒有敵人的人。

5——譯註：希臘諷刺詩人。

你在引述流傳已久的金玉良言時加上「重要的真理」、「要記得」或「值得遵循」，表示你不是因為那句話說得很好才引述，而是因為派不上用場。要是說得好又派得上用場，你就不必引述這句話。難以落實的智慧，並非真正的智慧。

明顯的和隱晦的

當別人對你缺席的關注慢慢超過對其他出席者的注意，你就知道你開始有影響力了。

會認為真實世界的經歷不重要的人，只有那些從來沒有真實世界經歷的人。

當你聽到「絕不再犯！」的宣示，這就是絕對再犯的保證。

有些寡言的人用沉默來掩蓋自己的聰明才智；但大部分的人不說話多半是為了掩蓋自己欠缺的聰明才智。

抱怨無法真正達到抱怨的效果，大都只是透露出你的弱點。

辭藻華麗卻偶爾夾雜幾句粗話雖然展現出你不必靠他人過活，卻代價高昂。

要是有人說「我沒那麼笨」，往往表示這人比自己以為的還笨。

惡意攻訐是唯一貨真價實、如假包換的欽慕的表達。

對待一個野蠻人，你只能用他自己的詞彙來令他難堪。

一個女人說一個男人聰明，她的意思通常是他很帥；一個男人說一個女人笨，他的意思一定是她很迷人。

約會網站之類的組織要人做自我介紹，它們並不了解，沒有被介紹出來的部分其實有趣得多。

若你兩鬢斑白，請在傳承經驗時解釋原因；若你已一頭白髮，只需告訴他人該當如何，不需解釋理由。

當你找人陪伴，通常你會選擇那些認為「你」有趣勝過你認為有趣的人。

網路打破了私人與公眾之間的高牆；過去常是屬於私領域的衝動發言和不雅言詞，如今都攤在網路上任人詮釋、望文生義。

要讓世界更快樂每個人都要明白的事：一、讓別人傷心難過的不是你的話，而是你的說話方式；二、讓別人生氣的不是你做了什麼，而是你讓他們在其他人眼中變成什麼樣子；三、要讓人們自己為自己歸類。

社群網路的問題之一是：別人要想在你背後抱怨你是越來越難了。

人們放聲大笑和四處散播笑聲是因為他們擔心沒有像別人說得那麼有趣。否則他們會微微笑——又或許暗笑在心裡。

如果一個人說：「我沒有別的辦法可想」，你可以斷言這人有能力但沒有意願要幫你；如果一個人說：「我是來幫你的」，你可以斷言這人既無能力也沒有意願要幫你。

反脆弱的通則：與其解釋你做不到的事情，不如做你無法解釋的事情。

實景或實品不及宣傳單上的景色或產品來得漂亮，此乃我們預料中事，但一個人的真實為人若是糟於我們對他們的第一印象，我們卻怎麼也不肯原諒。

若某件事看來並不合理且已行之長久，很可能是你對合理抱持錯誤定義。

某個人若以「簡單地」作為一句話的開頭，你應該要有心理準備：你即將聽到很複雜的東西。

一半的人靠嘴巴說謊；另外一半靠眼淚行騙。

你解釋過要遵守的規範，比你沒有說明或不必說明的規範來得沒有說服力。

知道別人不知道的事情時，最有用的情況就是，別人不知道你知道他們不知道的事情。

愛情與非愛情的種類

人在任何階段都可能對金錢、知識或愛情有份渴求；有時候可能同時渴求兩樣，但絕不可能是三樣。

沒有犧牲的愛有如偷竊。

你最後有可能會原諒或和傷害你的人做朋友，但對無聊的人辦不到。

婚姻是讓男人女性化的制度化過程——它也能讓女人變得女性化。

重要的不是別人怎麼說你，而是他們在說你的時候投入多少精力。

男人混在女人堆裡（兼騙財），有些是為了炫耀，有些主要是為了消遣；他們很少是同一批人。

一再與你稱兄道弟的人就是最有可能背叛你的人。

除了友情和愛情，你很難找到其他情境裡的笨蛋是如此有來有往、一個願打一個願挨的。

化敵為友後，對方會一直是你的朋友；朋友變敵人，就再也當不成朋友了。

我參加一場討論會，是個以西元前五世紀雅典飲酒會為名舉辦的盛會，主辦單位找了一些不是書呆子的人來討論愛情；可惜的是，席中無酒可飲；可慶的是，也沒人討論愛情。

新聞記者瞧不起那些害怕他們的人，對於不害怕他們的人，則是打從心底厭惡。

你可以從恨你的人身上得到最多的矚目。朋友、仰慕者、夥伴都不可能用如此濃烈的好奇心來關注你。

若是運用技巧，一句美言能比貶損的話更令人難堪。

人類像呼吸那樣需要抱怨他人。不要阻止他們，只消控制他們抱怨的對象、給他們抱怨的理由，藉此操縱他們便可。他們還是會抱怨，但會心存感激地抱怨。

一個年輕女生跟一個除了有錢其他毫無趣味可言的男人在一起，她可能是真心相信，自己是受到某個特定身體部位（例如，他的鼻子、脖子，或膝蓋）的吸引。

別人對我們造成的傷害往往是急性的，自己弄的傷通常是慢性的。

別人說你聰明多半是因為他們贊成你的話，否則他們只會說你驕傲自大。

一個好的敵人遠比你最寶貴的仰慕者更忠心、更容易揣摩心意，而對聰明人來說，也遠比你最有價值的仰慕者更有用。

別人給我們的傷害通常能帶來好處，自己造成的傷害大都無益。

如果貶抑我的人對我更了解一些，他們會更恨我。

尾聲

有智慧講的不是了解事物（以及人們），重點在於，明白你會受何影響。

柏拉圖式的心靈期望人生像電影，其終極結局要界定清楚、確鑿分明；反柏拉圖式心靈的人則期望電影像人生，而除了少數萬劫不復的情況外，例如死亡，他們並不相信所有由人類宣示的結局有終極可言。

能笑到最後的贏家只有一個問題，就是贏家只能孤獨地笑。

後記

我的作品通常圍繞的主題是：人類知識的局限，以及在面對超出我們視界、沒有觀察到和無可觀察的事物——亦即未知；不透明面紗的另一面——之際，所犯下的謬誤和偏見。這些謬誤和偏見，有的令人莞爾，有的令人皺眉。

我們的心智出於減縮資訊的必要，常會在看到某個現象時，試著將它塞入一個已知且範疇分明的歸類裡（把未知的東西斬首截肢，「普洛克拉斯提之床」是也），而不思捨棄分類、想辦法讓它具體化。人類除了有察知真正模式的能力，也有察知虛假模式的傾向，拜它之賜，隨機發生的事件似乎變得較為確定而不那樣隨機——我們過於活躍的大腦寧可對這些事件加諸錯誤的、簡化的敘事論述，也不願意完全不做敘事論述。[1]

大腦是個絕佳的自欺工具；它先天的設計並不是用來處理複雜、非線性的不確定事物。[2]與一般論述相反的是，**更多的資訊其實意味著更多的錯覺**。我們對錯誤模式的察知速度越來越快，這是現代社會及資訊時代的一個副作用；如此，在當今這個資訊豐富的世界裡，漫無章法的隨機性和複雜錯綜的互動之間、和我們對於事件的直覺（源自於人類遠祖比較簡單的棲息環境）之間，都存在著一種不對稱。而我們的心理構造和我們寄居世界之間的不對稱，猶在不斷擴大之中。

笨蛋問題於焉而生：在地圖並不等同於領土的狀況下，有一類傻瓜會陷入否認心態，想像領土和他的地圖是相合的。這類傻瓜包括教育程度過高的人、學界人士、新聞從業者、報紙讀者、死板如機械的「科學家」、假經驗主義者，他們都具備了我稱為「知識傲慢」的偉大能力，會將自己看不見、沒觀察到的東西加以簡化。更概括地說，這裡的傻瓜是指那些為了簡化而做出錯誤簡化或移除某個重要元素的人，這無異於截去旅客雙腿（甚或砍掉頭顱更好），一面還振振有辭地強調，他以百分之九十五的準確性將這人保留了下來。舉目四顧，我們創造出來的「普洛克拉斯提之床」有些不無益處，有些則殊為可議：法令規章、由上而下的政府體制、學術天地、健身房、為上班長途通勤、高聳入雲的辦公大樓、身不由己的

1——對於不可見事物的簡化，源自於人類「對抽象的輕蔑」（我們的心智並不善於處理非屬軼聞趣事的東西，它們往往會被生動的想像力所左右，媒體因此有機可乘，扭曲了我們對世界的看法）。

2——科學也沒有能力對盤根錯節、相互依存（氣候、經濟生活、人體）的非線性及複雜事物做有效的處理；儘管科學在線性範疇（物理學和工程學）擁有若干備受吹捧的成功，也因此得到它今日的令名地位，但我們之所以陷於險境，正是受這份令名之累。

人際關係、受僱關係等等，不一而足。

自啟蒙運動以來，理性主義（我們渴望事情都有個道理可循）和經驗主義（純粹就事論事）之間總在拔河，在這樣的劍拔弩張下，我們一直在責怪世界不符合「理性」模式的床，一直試圖改變人類以配合科技、編造道德標準以符合我們對受僱的需求、要求經濟生活符合經濟學家的理論、要求人類生活能套用到某個敘事論述之中。

我們在展現未知時所犯的錯誤和對隨機性效應的理解如果沒有導致負面結果，我們是強者——反之就是弱者。強者能藉由黑天鵝事件[3]獲益，弱者則備受蹂躪。對於某一派的科學自我主義者，我們的抵抗力越來越弱——他們總是信心滿滿地做出關於未知的宣示，結果引發專家問題、導致風險、讓我們對人為的謬誤產生廣大依賴。讀者可從我的警句中看出，我對大自然的強大手段甚是尊重（以數十億年的光陰讓脆弱的事物自然崩解），而古典思想（在知識謙遜以及對於未知的尊重方面），比起時下這個後啟蒙時代中天真幼稚的假科學自我主義，力量還要更強。因此，驅使我去提倡博學、優雅、勇氣的三元組合，以對抗現代性的虛假、迂矗和庸俗，即是我的古典價值觀。[4]

藝術是強大的，科學，則不盡然（我說得夠委婉）。有些普洛克拉斯提之床足以讓人生值回票價：藝術，以及擁有至強至大力量的詩般的警句。

3——所謂「黑天鵝」，是觀察者無從預測而衝擊異常巨大的事件，它可能出現在歷史、經濟、科技層面，也可能發生在個人生活上。儘管我們的知識已有增長，黑天鵝事件的角色還是一天比一天更吃重。

4——很多思想褊狹的庸人把我的觀念簡單歸納成反對科技，事實上我反對的是對科技的副作用視而不見——此為評斷弱者的標準。我情願無條件地接受任何道德標準而對科技有所保留，也不願有條件地接受道德標準而無條件地擁抱科技。

警句、格言、諺語、簡短雋語，甚至某種程度的打油詩，這些最早的文學型態，常混融在我們如今所稱的詩裡。它們帶有一眼即識、猶如新聞節錄之精句那樣的簡練特質（但比起當今市井流行的大眾化版本更有力也更雅）。[5]某些警句可看出作者將強大觀念壓縮成寥寥數字的功力，顯現出先聲奪人的氣勢——尤其在口說的形式上。確實，先聲奪人是必備要件，因為在阿拉伯語裡，隨性冒出一句機智的話是「男子氣概的表現」，雖然這裡的「男子氣概」跟性別較不相關而與聲韻關聯更深，因為它同樣也可翻譯為「人的技巧」（virtue 在拉丁文中和「男人」vir的字根相同）。言下之意，就彷彿以這種方式道出強大思想的人是受到一種魔力的披蓋。

這種格式即是黎凡特（以及範圍更廣的東地中海地區）精神的精髓。上帝對閃族人宣示神諭時，通常是藉由先知之口，說出詩般的精簡短句。就拿《聖經》來說，尤其是〈箴言〉和〈傳道書〉兩篇；還有伊斯蘭教的聖典《可蘭經》，俱為精鍊警語之大成。這種形式也被虛構的文學預言所採用，如尼采的《查拉圖斯特拉如是說》（*Zarathustra*），或更近代的，來自我北黎巴嫩某個（正烽火連天的）鄰村同胞紀伯倫（Kahlil Gibran）所著的《先知》（*The Prophet*）。

除開我們如今所稱的宗教範疇，還有赫拉克利特（Heraclitus）[6]和希波克拉底（Hippocrates）；[7]普布里利亞．西魯斯（Publilius Syrus，生於敘利亞，以奴隸身分被賣到凱撒大帝所執政的羅馬帝國，後因機智辯才為自己贏得自由身；其口才於他的《古羅馬名言》〔*Sententiae*〕中一覽無遺，這些單行的詩句鏗鏘有力，文

5——請注意，它和電視上出現的精簡單句是有區別的：節錄的新聞短句越來越沒有資訊可言；警句中則蘊含訊息。不知何故，警句就是具有捷爾德．蓋格瑞澤（Gerd Gigerenzer）和丹尼爾．古斯坦（Daniel Goldstein）所稱之「少即是多」的效果。

6——譯註：希臘哲學家，西元前五四〇年至四八〇年。

7——譯註：有「醫學之父」稱號的希臘名醫，西元前四六〇年至三七〇年。

采足以和拉羅什富科〔Francois La Rochefoucauld〕[8]的格言相輝映）；以及詩作被公認為最偉大的阿拉伯語詩人的穆太奈比。

警句為獨立的短句，可用於闡述道理、宗教文義；黎凡特民族的老祖母拿來訓誡孫子；自我誇耀（一如我於前面某一警句所言，穆太奈比藉著這些珠璣之語，讓我們心服口服地相信他確是最偉大的阿拉伯語詩人）、明嘲暗諷（馬薛爾〔Martial〕、伊索、阿瑪利〔Almaarri〕）；[9]可為道德學派所用（沃維納格〔Vauvenargues〕、拉羅什富科、拉布呂耶爾〔Jean de La Bruyère〕、尚福爾〔Seastien-Roch Nicolas Chamfort〕）；亦可用於揭示晦澀難懂的哲學（維根斯坦〔Ludwig Wittgenstein〕）、相對清楚的的哲學（叔本華、尼采、蕭沆〔Emil Cioran〕），或清楚明瞭的觀念（巴斯卡〔Blaise Pascal〕）。[10]警語永遠不必解釋——就像詩一樣，讀者必須自己心領神會。[11]

有些警句枯燥乏味，淨是一些你已想到、通篇大道理的陳腔濫調（此之所以智者對紀伯倫的《先知》卻步不前）；有的令人欣喜，蘊藏著一些不曾閃過你腦海而今卻讓你「啊哈！」的重要發現（拉羅什富科的雋語）；不過，最上乘的是那些你從未想過而你必須讀一遍以上才能理解箇中深意的警句，尤其當那些沉默真理的本質如此強大，以至於你一讀便立刻忘記它的文字的時候。

8——譯註：法國作家，一六一三年至一六八〇年。

9——在網路時代，衡量心靈深度靈敏度的逸失——直截了當地說，就是「書呆子化」——的最佳標準，即是嘲諷之風的日漸式微，因為人面對挖苦譏諷總愛望文生義，太認真追究字面意思。

10——好幾個相隔千年甚或相距一整個大陸之遙的作者說出同樣的格言，這種情況並不少見。

11——警句因為常和王爾德、馬克・吐溫、安布羅斯・比爾斯（Ambrose Gwinnett Bierce，作家）或薩沙・吉特里（Sacha Guitry，法國導演）的諧趣聯想在一起，向來有點遭到貶抑（除了德國語系）——深刻的思想也有可能既詩意又慧黠，例如叔本華、尼采或維根斯坦（有時候）；不過，為了恪遵神聖和褻瀆的分際，哲學和詩都不可能是單口相聲。

讀警句，我們必須改變閱讀習慣，小口小口地啜飲之；每一個警句都是一則獨立篇章，一段和其他句子沒有關聯的完整敘述。

我替書呆子下的最佳定義就是：要求你解釋警句的人。

我一直都知道，我的文風近乎警句。青少年時，我曾受教於詩人喬治．舒哈代（Georges Schéhadé），其詩讀來有如諺語；當時他便預言，只要我將我的奇思妙想顯露於外，將來我會在詩壇發光發熱，長大更會以此為業。近來，讀者們不斷從我的書裡摘錄內容貼到網路，觸動的版權警鈴不可勝數，但我一直沒想過要把我的觀念（或者，不如說我對於知識有其局限的中心思想）用警句的型態重新表達出來，直到我察覺到——尤其在我散步（很慢地）、什麼也不做或整個放空不費任何心力的情境下——這些句子以一種詭異難解、自然而然、幾乎是不由自主的方式降臨於我——我可以讓自己相信，我確實聽到了不透明面紗的另一邊所傳來的聲音。

讓自己完全擺脫束縛、擺脫思考，從這種令人虛脫、被稱為

「工作」的活動以及各式各樣的努力當中釋放出來，隱藏於真實經緯中的元素就會開始向你凝視；過去你不曾想過真的存在的神祕，就此出現在你眼前。

致謝

P. Tanous, L. de Chantal, B. Oppetit, M. Blyth,
N. Vardy, B. Appleyard, C. Mihailescu, J. Baz,
B. Dupire, Y. Zilber, S. Roberts, A. Pilpel, W. Goodlad,
W. Murphy, M. Brockman, J. Brockman, C. Taleb, C. Sandis,
J. Kujat, T. Burnham, M. Ghosn（較年輕的那位），
S. Taleb, D. Riviere, J. Gray, M. Carreira,
M.-C. Riachi, P. Bevelin, J. Audi（建了一座橋），S. Roberts,
B. Flyvberg, E. Boujaoude, P. Boghossian,
S. Riley, G. Origgi, S. Ammons ......

族繁不及備載（有時我會記起一些幫過大忙的名字，但要表達感激已然太晚）。

國家圖書館出版品預行編目資料

黑天鵝語錄：隨機世界的生存指南，未知事物的應對之道 ／納西姆·尼可拉斯·塔雷伯（Nassim Nicholas Taleb）著；席玉蘋，趙盛慈 譯 -- 二版. -- 臺北市：大塊文化, 2020.05
200 面；21×14.8 公分. --（from；74 ）
譯自：The bed of procrustes : philosophical and practical aphorisms

ISBN 978-986-5406-68-4（平裝）

1. 格言

192.8　　109003892

LOCUS

LOCUS

LOCUS

LOCUS